Au secours la terre est malade

et

Par le petit bout de la lorgnette

Comédies
à jouer par les enfants

Geneviève Steinling

Au secours la Terre est malade

et

Par le petit bout de la lorgnette

Comédies
à jouer par les enfants

Copyright © 2022 Geneviève Steinling
Tous droits réservés.

Édition : BoD – Books on Demand, info@bod.fr
Impression : BoD – Books on Demand,
In de Tarpen 42, Norderstedt (Allemagne)
Impression à la demande

ISBN : 978-2-3224-5894-3
Dépôt légal : octobre 2022
Loi n°49-956 du 16 juillet 1949 sur les publications destinées à la jeunesse, modifiée par la loi n°2011-525 du 17 mai 2011.

À Natanel,
mon petit-fils

Au secours
la Terre est malade

30 personnages : *Très facilement modulables*
5 enfants, 3 diablotins, 5 anges, 5 fleurs, Terre, soleil, vent, nuage, étoile, chat, souris, roi des diables, garde, Tonton Écolo, magicien, jardinier.

Décors :
La nature, atelier de Tonton Écolo, petit bistrot, palais du roi des diables.

Note de l'auteure :
Le texte peut aussi être joué sous forme de sketches en fonction du thème environnemental abordé et déboucher sur un travail en amont.

Je vous souhaite une belle représentation. G.S.

La pièce fait partie du répertoire de la Société des Auteurs et Compositeurs Dramatiques (S.A.C.D.)
11, rue Ballu 75442 Paris Cedex 09
Elle ne peut être jouée sans son autorisation.

<u>Pour en faire la demande :</u> Tél 01 40 23 44 44
OU sur leur site : https://www.sacd.fr/
https://www.sacd.fr/compagnie-amateur-demander-une-autorisation

<u>Pour joindre l'auteure :</u>
genevieve.steinling@gmail.com
Site : https://genevieve-steinling.com/

SCENE 1

Une poubelle grise (déchets ménagers)
Une poubelle jaune (produits recyclables)
Une poubelle verte (verre)

TERRE *(s'adressant au public)*
Il y a longtemps, très longtemps, je vivais heureuse. On m'appelait la Planète Bleue parce que les océans qui recouvrent mon sol étaient bleus… *(rêveuse)* vraiment bleus. Le ciel aussi était bleu. *(changement de ton)* Tout cela a bien changé. Je suis devenue sèche et ratatinée et je sens mauvais. Je ressemble à une pomme pourrie.
Tout a commencé quand les diablotins sont arrivés.

Trois diablotins entrent et tournent autour de Terre.
DIABLOTINS
Nous sommes les méchants diablotins
Qui tournons autour de la terre
Nous voulons faire d'elle une pierre
Un grand désert sans lendemain

Diablotin 1 jette des papiers un peu partout.
DIABLOTIN 1 *(fier)*
Joli ! Très belle décoration !

Enfant 1 entre en courant suivi de Enfants 2, 3, 4, 5.

ENFANT 1
Non ! Stop !

ENFANT 2
Les papiers doivent être mis dans une poubelle.

DIABLOTIN 1
Super ! Un nouveau jeu !
Il jette le papier de loin en visant la poubelle noire.

ENFANT 3
Pas dans celle-ci !

DIABLOTIN 2
Et pourquoi pas dans celle-ci ?

ENFANT 4
Parce que dans la poubelle grise, il faut jeter les déchets ménagers.

DIABLOTIN 1
Et si, moi, j'ai envie de jeter ce papier-là ici.

Il jette le papier dans la mauvaise poubelle.
Approbation de Diablotins 2 et 3

ENFANT 5
Ce n'est pas une bonne idée parce que le papier peut se recycler.

DIABLOTIN 3
Qu'est-ce que ça veut dire « recycler » ?

ENFANT 1
Ça veut dire que le papier qui se trouve dans cette poubelle-là *(il désigne la jaune)* peut être récupéré et transformé en papier ou devenir du carton.

DIABLOTIN 1
C'est complètement stupide.
Il jette les papiers en l'air.

ENFANT 2
S'il est recyclé, on coupera moins d'arbres pour fabriquer du nouveau papier puisqu'on pourra réutiliser celui des poubelles jaunes. Et on économisera les ressources de Terre.

ENFANT 3
En plus, tu jettes les papiers n'importe où, tu salis notre environnement.

DIABLOTIN 1
Le vent se chargera de souffler dessus.
Diablotin 2 et 3 applaudissent.
Terre tourne au ralenti. Souris entre lentement.

ENFANT 4
Le vent les déplacera mais les papiers pollueront l'atmosphère.

DIABLOTIN 1
Ce n'est pas mon problème.

DIABLOTIN 2 ET 3 *(en montrant Diablotin 1)*
Ce n'est pas son problème.

DIABLOTIN 2
(à Diablotin 3) Et le nôtre non plus.

DIABLOTIN 3
Tu as raison.
Les trois Diablotins jettent tous les papiers sur Terre et sortent en sifflotant.

SOURIS *(nettoyant Terre)*
Ma porte d'entrée est bouchée par une tonne de papier. Je ne peux plus rentrer chez moi. Et ma femme est prisonnière au milieu de son gruyère.

TERRE
Il suffit de demander au vent d'ouvrir la porte.

SOURIS
Ses yeux sont remplis de poussière. Il est devenu presque aveugle.

ENFANT 5
C'est vrai ce qu'elle dit.
Les quatre autres enfants approuvent de la tête tristement.

TERRE
Venez ! Allons lui rendre visite.
Ils sortent tous.

****

SCENE 2

Dans la nature. Vent souffle sur Nuage pour le faire avancer (parfois en toussant).

TERRE *(s'adressant à Vent)*
Ah te voilà ! Je suis triste de voir tous ces papiers voler et se poser sur moi. Avant, c'était les oiseaux qui volaient dans le ciel. J'entendais leurs chansons et je dansais, j'étais heureuse… *(Elle fait quelques pas de danse en tournant sur elle-même.)* Maintenant les papiers prennent toute la place. Ils se collent partout. Et tu ne fais plus ton travail.
Vent cesse de souffler et avance vers Terre.
Nuage avance doucement pour rejoindre les enfants.

VENT
Comment veux-tu que je fasse mon travail ? Avec toutes les fumées des usines et les pots d'échappement des voitures, je ne vois plus rien.

TERRE
Prout prout !

ENFANT 3
Ça sent l'œuf pourri ici.

TERRE
Prout prout !

ENFANT 1
Je dirais plutôt que ça sent le chou.

TERRE
Prout prout !

ENFANT 2
Ah non, non, non, ça sent la crotte de cheval.

VENT *(s'adressant à Terre)*
Tu pourrais te retenir et ne pas nous envoyer tes gaz puants.

TERRE
Et toi, alors ! Chaque fois que tu parles j'ai envie de me sauver tellement ton haleine sent mauvais.

VENT
Moi, je ne fais pas prout prout.

TERRE
Les diablotins me font avaler n'importe quoi. Ils ne se préoccupent pas si c'est bon ou pas pour moi. Les bactéries se propagent en dedans de moi et c'est normal que l'odeur de cette puanteur se dégage quand je fais prout prout.

NUAGE *(à hauteur des enfants)*
C'est… C'est comme moi… A… a…. Atchoum !

ENFANT 5
Tu es dégoûtant ! Regarde ! Tu as vomi sur moi.

NUAGE
Il y a trop de poussière, trop de gaz carbonique dans l'air. J'avale des aliments contaminés et pour ne pas mourir intoxiqué, je dois tout recracher.

ENFANT 5
La prochaine fois crache autre part que sur moi !
Nuage se sentant fautif est confus. Vent se montre compatissant.

ENFANT 2 *(à enfant 5)*
Va te laver dans la rivière !

ENFANT 1
L'eau est trop sale ! Les diablotins y jettent leurs déchets.

ENFANT 4
Tu ne peux pas rester dans cet état. Allons chez Tonton écolo !
Les enfants sortent. Terre tourne tristement et sort suivie de Vent et Nuage.

★★★★

SCENE 3
Atelier de Tonton écolo.
TONTON ÉCOLO
Que t'est-il arrivé mon garçon ?

ENFANT 5
Le nuage a vomi sur moi.

TONTON ECOLO
Viens par ici, tu vas prendre une douche.
Diablotin 2 entre discrètement.

DIABLOTIN 2 *(murmure à l'oreille de Enfant 5)*
Un bain ! Un bain !

ENFANT 5
Je veux prendre un bain.

TONTON ECOLO
Pas question ! Ça consomme trop d'eau.

DIABLOTIN 2 *(murmure à l'oreille de Enfant 5)*
Un bain ! Un bain !

ENFANT 5
Je veux prendre un bain.

TONTON ECOLO
Pas de bain. Tu vas prendre une douche.

DIABLOTIN 2 *(murmure à l'oreille de Enfant 5)*
Un bain ! Un bain !

ENFANT 5
Je préfère prendre un bain.

TONTON ÉCOLO
Non ! Un bain demande une plus grande quantité d'eau qu'une douche et donc plus d'énergie.

ENFANT 5
De l'énergie ?

TONTON ÉCOLO
L'électricité que tu utilises pour chauffer l'eau, c'est de l'énergie. Plus tu fais couler d'eau, plus tu dépenses de l'énergie… La douche, c'est par là.
Après un gros soupir, Enfant 5 obéit et sort. Il est suivi de Diablotin 2. Tonton Écolo reste sur scène.

DIABLOTIN 2 *(en voix off)*
Fais couler l'eau plus fort !

TONTON ÉCOLO
Ne gaspille pas l'eau ! Inutile de laisser le robinet ouvert lorsque tu te savonnes.

ENFANT 4
Je vais aux toilettes.

TONTON ÉCOLO
Rappelle-toi ce que je t'ai dit la dernière fois.

ENFANT 4
Oui, je sais, je ne dois tirer la chasse d'eau qu'une seule fois. L'eau est précieuse.

Diablotins 1 et 3 entrent.
DIABLOTIN 3
Une fois, deux fois ou trois fois, ce n'est pas ça qui fera que Terre va manquer d'eau.

TERRE *(en entrant)*
Tu te trompes ! À cause de vous les diablotins, ma peau se fendille. J'ai des crevasses partout. Vous n'arrêtez pas de gaspiller l'eau. Il y en a de moins en moins.
Diablotin 2 revient en riant, il prend la main des autres diablotins et ensemble, ils tournent autour de la terre qui essaie de partir du cercle. En vain.

DIABLOTINS
Nous sommes les méchants diablotins
Qui tournons autour de la terre
Nous voulons faire d'elle une pierre
Un grand désert sans lendemain
Ils sortent en riant emportant avec eux Terre.

★★★★

SCENE 4

Dans la nature. Enfants regardent cinq fleurs fanées en présentation fœtale en formant un cercle tête contre tête. Diablotins coupent des morceaux de papier et les éparpillent dans la gamelle de Chat qui dort.

CHAT *(se réveillant soudain - boit et recrache)*
Ecœurant ! Dégoûtant ! Infecte ! Répugnant ! Tout simplement imbuvable. *(Il se rendort.)*

TERRE
Ces fleurs sont à moitié fanées.
Vent entre essoufflé et s'écroule sur le sol.

VENT *(se frottant les yeux)*
Je suis épuisé.

TERRE
Epuisé ! Epuisé ! Tu es toujours épuisé ! C'est à cause de toi si les fleurs ne poussent plus autour de moi.

VENT
Eh voilà ! C'est de ma faute ! Et bien sûr les diablotins n'y sont pour rien.

TERRE
Maintenant les graines meurent avant de prendre racine parce que tu souffles n'importe où. Les graines atterrissent sur des cailloux au lieu de venir grandir dans mon ventre comme le font les bébés dans le ventre des mamans.

VENT
Les yeux me piquent. Il y a du poison dans l'air.

CHAT *(sautant sur ses pattes)*
Poisson ! Poisson !

VENT
Je n'ai pas dit poisson. J'ai dit poison.... zon zon

CHAT
Hier, tu as soufflé du sable dans mes oreilles et je n'entends plus très bien.

TERRE
Ton souffle est trop chaud. Tu assèches mes terres et mes océans. Vois comme ma peau est ridée ! *(En colère)* Tu me donnes des boutons. Je suis allergique à ton souffle. Je deviens de plus en plus laide. Je n'ose plus me regarder dans le miroir de l'univers. Je suis la plus affreuse des planètes. Regarde ces fleurs qui sont presque fanées !

VENT
Je peux te confectionner des fleurs en papier pour maquiller ton sol.

DIABLOTIN 1
Oh oui, oui, comme ça je pourrai les arracher.

DIABLOTIN 2
Les chiffonner.

DIABLOTIN 3
Les disperser.

DIABLOTIN 1
Un nouveau jeu qui doit être rigolo !

Les fleurs s'ouvrent ensemble.
FLEUR 1 *(chantant)*
La vie c'était bien mieux
Quand le ciel était bleu
Quand la terre en couleur
Rimait avec bonheur

Fleurs 2, 3, 4 et 5 font une ronde autour de diablotin 1.
FLEURS 2, 3, 4 et 5 *(s'adressant à Diablotin 1)*
Sauras-tu nous dire ceci dé ri dé ra
Sauras-tu nous dire...

FLEUR 2 *(en parlant à Diablotin1)*
Pourquoi tu prends la terre pour une poubelle.
Fleurs 2, 3 ,4, 5 poussent Diablotin 1, encerclent Diablotin2

FLEUR 1 *(chantant)*
La vie c'était bien mieux
Quand le ciel était bleu
Quand la terre en couleur
Rimait avec bonheur

FLEURS 2, 3, 4 et 5 *(s'adressant à Diablotin 2)*
Sauras-tu nous dire ceci dé ri dé ra
Sauras-tu nous dire...

FLEUR 4 *(en parlant à Diablotin2)*
Pourquoi tu prends la terre pour un sac d'aspirateur.

FLEUR 1 *(chantant)*
La vie c'était bien mieux
Quand le ciel était bleu
Quand la terre en couleur
Rimait avec bonheur
Fleurs 2, 3, 4, 5 chassent Diablotin 2 et encerclent Diablotin 3.

FLEURS 2, 3, 4 et 5 *(s'adressant à Diablotin 3)*
Sauras-tu nous dire ceci dé ri dé ra
Sauras-tu nous dire...

FLEUR 5 *(en parlant à Diablotin3)*
Pourquoi tu prends la terre pour une cigarette.

FLEUR 1 *(chantant)*
La vie c'était bien mieux
Quand le ciel était bleu
Quand la terre en couleur
Rimait avec bonheur
Fleurs 2,3,4,5 chassent Diablotin3. Les Fleurs encerclent Terre, Vent souffle dessus. Nuage et Chat le guident et tous sortent.

****

SCENE 5

Petit bistrot. Terre et Soleil assis à une table. Souris est cachée dessous. Chat ronronne dans un coin. Étoile barman entre et se dirige vers Terre.

ÉTOILE BARMAN
Bonjour. Que désirez-vous ?

TERRE
Un verre de rosée du matin, s'il vous plait.

ÉTOILE BARMAN
Il nous est trop difficile de nous en procurer. Nous ne servons plus que du jus de papier sale.

TERRE
Du jus de papier sale ! Quelle horreur !

ÉTOILE BARMAN
Je regrette mais...

TERRE *(la coupant)*
Ça va. N'en parlons plus. J'ai trop soif. Apportez-moi votre jus de papier sale !

SOLEIL
Pour moi ce sera une glace de pluie, celle qu'on recueille quand apparaît l'arc-en-ciel.

ÉTOILE BARMAN
Il n'y a pas d'arc-en-ciel ! Il n'y a plus d'arc-en-ciel. Les stocks de glace de pluie sont épuisés. *(Petit silence)* Je peux vous proposer un sorbet de poussière nappé de fumée au goût de pétrole.

SOLEIL
Non merci. Je n'ai plus soif.

ÉTOILE BARMAN
Comme vous voulez ! J'apporte à Madame notre... spécialité. *(elle sort)*

TERRE *(à Soleil)*
Le vent ne souffle plus comme il devrait, l'eau manque et toi tu chauffes trop.

SOLEIL
Avant je chauffais à la bonne température. Te souviens-tu comme nous nous aimions toi et moi ?

TERRE *(amoureusement)*
Tu étais « mon » soleil. Tu animais tendrement mes océans. Tu colorais ma vie. Tu m'envoyais des baisers de lumière qui réchauffaient mes sols. Tu me jetais des confettis d'ombre qui couvraient mes prairies de douceur.

SOLEIL *(rêveur)*
Je m'en souviens. En ce temps-là tu étais « ma » reine.

TERRE
Tu faisais battre mon cœur. Maintenant tu... tu me fais mal... Je souffre. Tu me brûles.

SOLEIL
C'est à cause du trou dans la couche d'ozone. Le ciel est devenu du gruyère

SOURIS *(en courant sur la scène)*
Du gruyère ! Du gruyère !

CHAT
Une souris ! Une souris !
Chat court après Souris.
Étoile Barman entre et apporte la boisson.

TERRE
Merci. *(elle boit une goutte).* C'est vraiment trop mauvais. *(elle repose le verre)*

ÉTOILE BARMAN
Je suis d'accord avec vous. C'est très très mauvais.
Elle reprend le plateau et sort.

TERRE *(à Soleil)*
Tes rayons sont devenus trop puissants. Ils provoquent des maladies. Les hommes ont mal à la tête et ils ont l'impression que leurs yeux sont deux morceaux de charbon qui brûlent dans le feu. Leur peau vieillit plus vite. Les enfants vont ressembler à des vieillards.

SOLEIL
Ce sont les diablotins qui ont troué la couche d'ozone. Avant, elle protégeait les hommes comme un parasol maintenant elle ne protège plus personne.

SOURIS
C'est la faute des voitures qui rejettent des gaz et des poussières dans l'atmosphère. Est-ce que, moi, j'ai besoin d'une voiture pour voyager ?

CHAT *(en train de courir après la souris)*
Moi non plus je n'ai pas de voiture et je vais t'attraper.

SOURIS
Je suis plus rapide que toi. Tu ne m'attraperas pas.

SOLEIL
Je retourne à ma place dans le ciel.

TERRE
Et moi à la mienne. *(ils sortent)*

****

SCENE 6
Dans la nature : enfants et Tonton Écolo. Terre entre.

TERRE
Ne m'abandonnez pas ! Je me sens si seule. Les animaux qui me tenaient compagnie disparaissent les uns après les autres.
(Diablotin 1 entre et écrase quelque chose au sol). Non ! Non ! Au secours ! Au secours !

TONTON ÉCOLO *(se levant brusquement)*
(à Diablotin 1) Qu'est ce que tu fais ?

DIABLOTIN 1
J'écrabouille un ver de terre... Et un de plus !

TONTON ÉCOLO
Si tu continues à les écraser, Terre n'arrivera plus à respirer. Chacun ici à un rôle bien précis et les vers en se faufilant dans le sol font des petits trous qui aèrent le sol de Terre.

TERRE
Mon sol n'est plus aéré et l'herbe n'arrive plus à pousser. Les animaux végétariens disparaissent parce qu'ils n'ont plus de nourriture.

MAGICIEN *(entrant)*
Il n'existe plus un seul lapin à faire entrer dans mon chapeau ! C'est la fin du règne des magiciens.

JARDINIER *(entrant)*
Mes poireaux sont devenus aussi fins que des asticots. Mes tomates ressemblent à du maïs et les grains de maïs sont si petits qu'on dirait du sable fin. C'est la fin du règne des jardiniers.

MAGICIEN et JARDINIER
Qu'allons-nous devenir ? Nous allons être au chômage.

DIABOTIN 2 et 3 *(entrant à grand fracas)*
On embauche ! On embauche !

MAGICIEN *(à Jardinier)*
Viens ! Nous aussi nous allons nous recycler.

JARDINIER
(aux Diablotins) Quel travail nous proposez-vous ?

DIABLOTIN 2
Gaspilleur d'eau

DIABLOTIN 3
Meurtrier de la nature

DIABLOTIN 1
Et… Pollueur.

DIABLOTINS *(encerclent Magicien et Jardinier)*
Nous sommes les méchants diablotins
Qui tournons autour de la terre
Nous voulons faire d'elle une pierre
Un grand désert sans lendemain.
Ils sortent en emmenant dans leur ronde le magicien et le jardinier. Terre tourne lentement sur elle-même.

ENFANT 1
Nous devons tuer les diablotins avant qu'ils détruisent Terre.

ENFANT 2
Il faut savonner Terre. Les diablotins glisseront et se casseront les jambes, les bras, la tête.

ENFANT 3
Nous les retiendront prisonniers dans une cage.

ENFANT 4
Il faudrait une quantité énorme de savon. Tu te rends compte du gâchis !

ENFANT 5
Faisons un feu et jetons-les dedans.

ENFANT 1
Les diablotins adorent le feu.

ENFANT 5
Noyons-les !

ENFANT 4
Ils brûleraient les poissons.

ENFANT 3
Envoyons-les sur une autre planète !

ENFANT 1
Ce n'est pas très sympa pour nos voisins.

ENFANT 2
Comment nous en débarrasser ?
Les Diablotins entrent et tournent autour de Terre qui n'a plus de force pour réagir.

DIABLOTINS
Nous sommes les méchants diablotins
Qui tournons autour de la terre
Nous voulons faire d'elle une pierre
Un grand désert sans lendemain.
Les Diablotins sortent. Terre s'écroule. Tonton Écolo lui donne un verre d'eau.

ENFANTS 1, 2, 3, 4, 5
Au secours, la terre est malade !

ENFANT 5
Elle va mourir.

ENFANT 1
Nous mourrons avec elle.

ENFANT 2
La situation est grave.

ENFANT 1
Les Diablotins aussi vont mourir.

ENFANT 2
Exact. Il ne restera plus rien ! Et plus personne.

ENFANT 4
Allons voir le roi des diables et essayons de le faire revenir à la raison en lui démontrant que les diablotins détruisent aussi son peuple.

ENFANT 5
C'est trop dangereux.

TERRE *(se relevant)*
Tu as raison. Le roi des diables déteste les humains. Il n'aime pas les anges non plus mais il en a peur et il arrive parfois qu'il leur obéisse.

ENFANT 4
Où pouvons-nous trouver les anges ?

TERRE
Vous ne les trouverez pas, ils sont trop occupés à nettoyer le cœur des hommes et des femmes.

ENFANT 4
On n'y arrivera jamais !

TERRE
Si ! Je connais un moyen. Vous allez vous déguiser et devenir des anges.

ENFANTS 1, 2, 3, 4, 5
Nous, des anges !

TERRE
Oui. Ensuite, nous irons ensemble jusqu'au palais du roi.
Terre et les enfants sortent.

TONTON ÉCOLO *(en sortant)*
Les anges et les diables, les diables et les anges, les anges et…

****

SCENE 7

Roi des diables est assis sur son trône. Garde entre.

GARDE
La délégation des « Anges du Nuage Barbe à Papa » voudrait vous parler.

ROI DES DIABLES
Encore une nouvelle délégation ! Ils n'en finissent pas de se reproduire ! Que veulent-ils ?

GARDE
Ils disent que c'est une histoire de vie ou de mort. Terre les accompagne.

ROI DES DIABLES *(surpris)*
Terre ! … Pourquoi diable vient-elle ?

GARDE
Roi des diables, vous avez dit « diable » !

ROI DES DIABLES
J'ai dit « diable » ?

GARDE
Oui, vous avez dit « diable ».

ROI DES DIABLES
Pourquoi, diable, aurais-je dit diable ?

GARDE
Ça, je l'ignore.

ROI DES DIABLES
(changement de ton) C'est bon, fais-les entrer !
(aux anges) Soyez brefs ! Aujourd'hui, c'est mon anniversaire. Les diablotins s'apprêtent à brûler la forêt des cocotiers et je veux assister au spectacle.

ANGE 1
Roi des diables, tous les arbres vont disparaitre !

ROI DES DIABLES
Ce n'est pas grave !

ANGE 2
Terre risque de se mettre en colère.

TERRE
Très en colère ! Dans une colère monstre.

ANGE 3
Elle vous fera voler dans les airs et vous deviendrez un ange. (*Terre approuve de la tête.*)

ROI DES DIABLES
Pas question ! Garde ! Au lieu de brûler la forêt, et pour faire de ce jour un jour exceptionnel, Trouve le plus de papier possible et décore la terre.

ANGE 4
Si vous utilisez tout le papier qui existe où écrirez-vous vos mémoires, vous qui êtes le plus grand des rois des diables de tous les temps ?

ROI DES DIABLES (*se redressant*)
Exact. Je suis le plus grand de tous les temps. Garde ! Laisse le papier où il est, qu'on arrose le ciel et j'ordonne au soleil de faire apparaître un arc-en-ciel.

ANGE 5
Roi des diables, si vous utilisez toute l'eau qui existe sur Terre il ne restera plus aucune goutte pour apaiser votre soif et rafraîchir votre gosier.

ROI DES DIABLES
Garde ! J'ordonne de laisser l'eau où elle est.

DIABLOTINS *(en voix off)*
Nous sommes les méchants diablotins
Qui tournons autour de la terre
Nous voulons faire d'elle une pierre
Un grand désert sans lendemain.

ROI DES DIABLES *(se ressaisissant)*
Mon peuple doit s'amuser à faire le mal. À quoi d'autre pourrait-il s'occuper ? Nous sommes des méchants. Il ne faut pas l'oublier.

TERRE
Je sais comment occuper votre temps.

ROI DES DIABLES
Comment ?

TERRE
À force de leur montrer le mauvais exemple, les hommes vous ressemblent. Comme les diablotins, ils ne me respectent plus. Ils ont fait de moi une éponge toute sèche, une boule de rien. Ils méritent une punition.

ROI DES DIABLES
J'avoue… ça devient intéressant.

TERRE
Prenez votre fourche et piquez leurs fesses à chaque fois qu'ils me salissent avec leurs déchets.
Punissez-les ! Jetez-les — oh juste quelques instants — dans les flammes pour qu'ils sachent combien ça brûle quand ils mettent le feu à mes arbres, combien l'air est irrespirable quand ils le polluent avec leur fumée noire et puante, combien on a soif quand l'eau manque. Faites-vous un malin plaisir à leur apprendre à me respecter.

ROI DES DIABLES
Garde ! As-tu entendu ?

GARDE
Oui, mon roi. Votre peuple sera heureux de découvrir ce nouveau jeu.

ROI DES DIABLES
Et moi ! Tu m'oublies ? Donne-moi ta fourche ! Moi aussi j'ai envie de m'amuser !
(Il sort suivi du garde)
Où sont-ils ? Où sont-ils ? Je veux m'amuser moi-aussi…. Où sont-ils ?

TOUS EN SCENE *(si possible en chanson)*
Refrain
Stop à la pollution
Stop à la dégradation
Changeons les diablotins
En de grands magiciens
Faisons de notre Terre
Le plus beau des repaires
Un pinceau dans la main
Colorer le destin
De la Terre en détresse
Rendons-lui sa jeunesse
Refrain
Des choses pas compliquées
Un peu de bonne volonté
Des deux pôles, à l'équateur
Rendons-lui sa fraîcheur
Refrain
Du soleil sur sa tête
Grande dame coquette
Veut des fleurs à ses pieds
Rendons-lui sa beauté

UN ENFANT *(s'avance seul face au public en parlant)*
Elle compte sur nous
Mais aussi sur vous
Pour ne pas mourir
Et lui rendre le sourire.

RIDEAU

Par
le petit bout
de
la lorgnette

<u>10 personnages sur une aire de jeux :</u>
<u>Les enfants :</u> Petit Homme – Petite Femme
<u>Les robots :</u> Bidou 1er, Professeur Bidou, Bidouphonique, Bidoubidouille, Bidoupétoche, Bidou Rapporteur, L'Abominable Bidou, Bidou Passetemps.

<u>Note de l'auteure :</u>
Les robots parlent la même langue que Petit Homme et Petite Femme *(après avoir été bidouillés)*. Pour les différencier, on leur attribuera des tenues originales. Entre eux, ils « belebelent » *(ref. long métrage : « La soupe aux choux »)* et s'expriment dans le mouvement. Les visages restent hermétiques, ce qui oblige les comédiens à travailler le gestuel et le corporel. Ils créent ainsi leur propre personnage.

Je vous souhaite une belle représentation. G.S.

La pièce fait partie du répertoire de la Société des Auteurs et Compositeurs Dramatiques (S.A.C.D.)
11, rue Ballu 75442 Paris Cedex 09
Elle ne peut être jouée sans son autorisation.

Pour en faire la demande : Tél 01 40 23 44 44
OU sur leur site : https://www.sacd.fr/
https://www.sacd.fr/compagnie-amateur-demander-une-autorisation

Pour joindre l'auteure :
genevieve.steinling@gmail.com
Site : https://genevieve-steinling.com/

PIECE EN 1 ACTE
Petit Homme et Petite Femme, assis sur une aire de jeux.

PETIT HOMME
Je m'ennuie.

PETITE FEMME
Moi aussi.

PETIT HOMME
Je ne sais pas quoi faire.

PETITE FEMME
Tu veux qu'on joue à la marelle ?

PETIT HOMME
Pff ! C'est un jeu de bébé.

PETITE FEMME
À « Jacques a dit » !

PETIT HOMME
Pff ! Encore pire !

PETITE FEMME
À « Chat perché » ?

PETIT HOMME
C'est tout ce que tu as trouvé ? *(soupirs)*

PETITE FEMME
Aux cartes ! Tu veux jouer aux cartes ? Je n'en ai pas sur moi, mais je peux aller en chercher.

PETIT HOMME
Laisse tomber !

PETITE FEMME
Bon, alors qu'est-ce qu'on fait ?

PETIT HOMME
On attend qu'une idée vienne.
Ils regardent dans les airs.

PETITE FEMME
Eh bien, moi, je n'en vois pas.

Petit Homme se lève et attrape une idée.
PETIT HOMME
Là j'en ai une. *(il regarde à l'intérieur de sa main).* Non. Ce n'est pas une bonne idée. *(il ouvre sa main, laisse partir l'idée, se assied).*

PETITE FEMME
J'en vois une. *(essaie d'attraper l'idée.)* Trop haute.

PETIT HOMME
Dommage ! C'était peut-être une bonne idée.
Soupirs de part et d'autre.

Des voix se rapprochent et font « belebele » à la manière du Glaude dans « La Soupe aux Choux ».
Les enfants se cachent. Les Bidoux, en file indienne, traversent la scène en « belebelant » sans les voir.

PETITE FEMME
Qui c'était ?

PETIT HOMME
Je ne sais pas.

PETITE FEMME
Ils avaient l'air bizarre, tu ne trouves pas ?

PETIT HOMME
Oui, très bizarre. Viens ! Sauvons-nous !
Les Bidoux reviennent.

PETITE FEMME
Trop tard.

Les enfants se cachent et font du bruit. Bidouphonique, qui marche devant à côté de Bidou 1er, s'arrête et stoppe les autres. Il touche son oreille et fait comprendre qu'il a entendu du bruit. L'abominable Bidou sort une boite de son grand sac et sème une poudre dans les airs.

PETIT HOMME er PETITE FEMME
Atchoum ! Atchoum… Atchoum !

Bidou 1er fait signe aux Bidoux de le suivre.
Bidoupétoche se cache derrière les autres et avance comme eux à pas de loup jusqu'à Petit Homme et Petite Femme.

Les Bidoux sont sur leur garde. L'abominable Bidou sème de la poudre. Les enfants toussent. Les Bidoux font un pas en arrière, les enfants se lèvent d'un bond.

LES BIDOUX *(effrayés)*
Belebele

PETIT HOMME et **PETITE FEMME**
(effrayés) Ahhhhhh !

Réactif, l'Abominable Bidou veut semer de la poudre.

PETIT HOMME
Non, non pitié.

PETITE FEMME
J'étouffe !

Bidou 1er fait signe à L'Abominable Bidou de cesser et de ligoter les enfants qui sont maintenant assis par terre.

BIDOU 1er
(à Petit Homme) Toi être homme ?

PETIT HOMME
Non.

L'ABOMINABLE BIDOU
Quoi être toi alors ?

PETIT HOMME
Je suis un enfant.

BIDOU 1er
Enfant ?

BIDOU RAPPORTEUR
Moi chercher dans Grand Livre des Connaissances. « Enfant » vouloir dire : petit homme.

BIDOU 1er *(à Petite Femme)*
Et toi être aussi petit homme ?

PETITE FEMME
Euh !... Non.

L'ABOMINABLE BIDOU
Toi quoi être alors ?

PETITE FEMME *(elle réfléchit)*
Euh… Une petite femme.

PROFESSEUR BIDOU
Petit homme et petite femme quoi être ça ?
Nous chercher homme et femme. Pas petits. Homme et Femme sans petit.

PETITE FEMME
Plus tard, il sera un homme et moi une femme.

PETIT HOMME
Et pour l'instant nous sommes des enfants.

BIDOU 1er
Vous « sommes »?

BIDOU RAPPORTEUR *(se connecte au Grand Livre des Connaissances)*
Somme... vouloir dire addition.

BIDOU 1er
Vous être enfants ou additions ?

PROFESSEUR BIDOU *(en désignant les enfants)*
1+1= addition

PETITE FEMME
Mais non ! Vous ne comprenez pas, nous…

BIDOU 1er *(se fâchant)*
Nous pas être idiots nous avoir compris, toi homme petit et toi femme petite. Après toi devenir homme et toi devenir femme.

PETIT HOMME
Ils ne savent pas conjuguer nos verbes.

BIDOU 1er
Quoi dire toi à Petite Femme ?

PETIT HOMME
Que vous ne savez pas conjuguer nos verbes.

BIDOU 1er
Conjuguer ?

PETITE FEMME
« Sommes » c'est aussi le verbe « être » conjugué au présent à la première personne du pluriel. Je, tu, il ou elle et …nous. Nous sommes !

BIDOU 1er
Vous être compliqués.

BIDOU RAPPORTEUR *(se connecte au Grand Livre des Connaissances)*
(à Petite Femme) Toi dire vrai.

BIDOU 1er
(à Bidoubidouille expliquant avec des gestes)
Belebele

PETITE FEMME
Qu'est-ce qu'il dit ?

PETIT HOMME *(imitant Bidou 1ᵉʳ)*
Belebele.

BIDOUPHONIQUE
Lui, demander à lui *(Bidoubidouille)* de régler connexion à lui *(Bidou 1ᵉʳ)* pour parler comme vous et pour comprendre vous.

BIDOUBIDOUILLE *(fier)*
Moi être ingénieur système.

PROFESSEUR BIDOU
Lui connaître. Lui être grand spécialiste.

Bidoubidouille bidouille Bidou1 et lui demande par geste si ça fonctionne.

BIDOU 1er
Je suis Bidou 1er, responsable de notre mission. Ce sont mes frères. Nous formons la famille des Bidoux. *(changement de ton)* bidouillage réussi.

Les Bidoux se mettent en rang.
Chacun son tour, ils vont être bidouillés par Bidoubidouille et à partir de là ils parleront tous comme Petit Homme et Petite Femme.

L'ABOMINABLE BIDOU *(après avoir été bidouillé)*
Je suis chargé de protéger mes frères. Je suis l'Abominable Bidou. Bidouillage réussi. Ce grand sac contient de la poudre pour détecter les humains et les neutraliser en cas de besoin.

BIDOUPÉTOCHE *(après avoir été bidouillé)*
L'Abominable Bidou ne me fait pas peur parce qu'il fait partie de ma famille, autrement, j'ai peur de tout. *(à Bidoubidouille)* C'est réussi.
(aux enfants) Mon nom est Bidoupétoche.

PETIT HOMME *(montrant la lorgnette)*
Qu'est-ce que c'est ?

BIDOUPÉTOCHE
C'est une lorgnette. Elle me permet de voir sans être vu.

PROFESSEUR BIDOU *(après avoir été bidouillé)*
Si Bidoupétoche a peur c'est parce qu'il est ignorant. Moi, je suis instruit, reconnu comme étant un éminent scientifique. Je suis Professeur Bidou et je constate que mon bidouillage est réussi. Il était temps ! Enchanté de faire votre connaissance *(Il regarde, à travers sa grosse loupe, Petit Homme et Petite Femme qui ont un mouvement de recul. Bidou Passetemps se moquent d'eux. Il est tiré par Bidoubidouille qui le bidouille.)*

BIDOU PASSETEMPS *(après avoir été bidouillé)*
Qu'est-ce qu'il est barbant celui-là *(Professeur Bidou)*. Moi, je ne suis ni peureux ni sérieux, je suis un Bidou joyeux. J'aime m'amuser. Youpi ! Mon bidouillage est réussi ! Tout me fait rire. Enfin, je veux dire, tout me faire rire… à l'intérieur. Vous avez devant vous votre serviteur : Bidou Passetemps… Vous pouvez applaudir, c'est permis. *(Petite Femme applaudit en riant. Les Bidoux aussi).*
(à Petit Homme) Tu n'applaudis pas ?

PETIT HOMME *(boudeur)*
Non.

BIDOU PASSETEMPS *(déçu)*
Ah bon ! *(puis, il fait une pirouette en riant)*

BIDOU RAPPORTEUR *(après avoir été bidouillé)*
Je suis chargé de rapporter, là-haut, le fruit de nos recherches. On m'appelle Bidou Rapporteur…. Deux secondes, je note : bidouillage réussi. Là vous voyez, je consigne tout dans ma mémoire. D'ailleurs… *(il se place devant Petit Homme - qui fait une mine renfrognée - et le prend en photo en clignant des yeux)* Clic *(idem pour Petite Femme qui sourit comme une star)*. Vous êtes stockés là-dedans. *(à Petit Homme)* Encore une avec un sourire.

PETIT HOMME
Non.

PROFESSEUR BIDOU
Le rire est bon pour votre santé. Je l'ai lu plus d'une fois dans des ouvrages scientifiques.

PETIT HOMME
Je suis en parfaite santé.

BIDOU RAPPORTEUR
Le rire fait travailler vos muscles faciaux..

PETIT HOMME *(en faisant une grimace)*
Pas besoin de rire pour faire travailler mes muscles.

LES BIDOUX *(très impressionnés)*
Belebele.
Petite Femme rit franchement.

BIDOU PASSETEMPS
J'aimerais bien rire comme toi… avec la bouche.

PETITE FEMME
C'est tout simple, il suffit de l'allonger comme ça.

BIDOU PASSETEMPS
Je ne peux pas. *(il s'en va plus loin)*

Les Bidoux font non de la tête dans le même mouvement.

BIDOUPHONIQUE *(après avoir été bidouillé)*
Ceci est mon micro. Moi, Bidouphonique, je capte les sons. *(il appuie sur un bouton et transforme plusieurs fois sa voix)* Bidouillage réussi, bidouillage réussi ... *(changement de ton)*. Ris Petit Homme, je veux enregistrer ton rire.

PETIT HOMME
Non.

BIDOU RAPPORTEUR *(note sur son clavier)*
Petit Homme a une tête de cochon.

PETIT HOMME
C'est faux. Je ne ressemble pas à un cochon.

BIDOU RAPPORTEUR *(il efface et note)*
Petit Homme a un sale caractère.

PETIT HOMME
Ce n'est pas vrai non plus.

PETITE FEMME
Mais si ! C'est vrai.

PETIT HOMME
J'ai un sale caractère ! C'est ça ? Vas-y ! Dis-le !

PETITE FEMME
Tu as un sale caractère.

PETIT HOMME
Et toi alors ?

BIDOU PASSETEMPS *(en chantonnant)*
Petit Homme et Petite Femme se disputent tralalère. C'est un jeu rigolo.
Petit Homme et Petite Femme haussent les épaules, vexés.

PETIT HOMME
(à Bidou 1er) D'où venez-vous ?

BIDOU 1er
Nous venons de la planète Belebele.

PETITE FEMME
Vous êtes des extraterrestres ?

BIDOUBIDOUILLE
Nous venir de là-bas.! Un instant … *(il se bidouille lui-même)* Ça y est, je suis bidouillé… appelez-moi Bidoubidouille. Je bidouille, tu ne bidouilles pas, il ne bidouille pas... vous ne savez pas bidouiller, *(regarde Les Bidoux en les narguant)* belebele et *(regarde les enfants)* je sais bidouiller.
Bidou 1er le stoppe. Bidoubidouille riposte en colère.

LES BIDOUX *(s'interposant)*
Belebele *(font taire Bidoubidouille en lui faisant comprendre qu'il doit obéir à Bidou 1er)*

PETITE FEMME *(ironique, à Petit Homme)*
Tiens, tiens, on dirait que la famille des Bidoux s'amuse au même jeu que nous.
Les Bidoux se calment.

PETIT HOMME
D'où venez-vous ?

BIDOU 1er
Nous habitons à dix années lumière de votre planète. De ce côté-ci.

PETIT HOMME
Où est votre vaisseau ?

PROFESSEUR BIDOU
Nous n'utilisons pas de vaisseaux. Nous voyageons par téléportation.

BIDOU PASSETEMPS
C'est plus rigolo.

PETITE FEMME
(à Bidou Passetemps) Montre-moi comment tu fais.

BIDOUPÉTOCHE
Non, Surtout pas ! C'est interdit.

PROFESSEUR BIDOU
(à Bidou 1er) Belebele.

PETIT HOMME
Qu'est-ce qu'il dit ?

BIDOUPHONIQUE
Il demande s'il peut commencer l'examen.

PETITE FEMME *(effrayée)*
Quel examen ?

PROFESSEUR BIDOU
Je vais vous examiner avec ça. *(il montre sa loupe)*

BIDOUPHONIQUE
Et moi, vous enregistrer avec ça. *(micro)*

BIDOU RAPPORTEUR
Et moi, tout rapporter là-dedans. *(ordinateur)*

BIDOUPÉTOCHE
Et moi, je vais vous regarder de loin. *(il se met à l'écart et les regardent par le petit bout de la lorgnette)*

L'ABOMINABLE BIDOU
Et moi, je vais vous regarder de près.

PETIT HOMME et PETITE FEMME
Ahhh

BIDOU 1er
Belebele *(aux Bidoux : leur fait comprendre de se taire. À l'Abominable Bidou : lui fait comprendre de détacher Petit Homme et Petite Femme).*

L'ABOMINABLE BIDOU *(menaçant)*
Attention, je vous ai à l'œil.

Bidoubidouille essaye de « dévisser » une oreille de Petite Femme avec une clé à molette.

PETITE FEMME
Aïe ! Ça ne va pas non ?

PETIT HOMME *(à Petite Femme en chuchotant)*
Ils vont nous disséquer, tu crois ?

PETITE FEMME *(en chuchotant)*
Pour après nous manger ?

LES BIDOUX *(se moquant)*
Belebele....

PETITE FEMME
S'il vous plait, messieurs les Bidoux, s'il vous plait, ne nous mangez pas !

LES BIDOUX *(se moquant)*
Belebele....

BIDOU PASSETEMPS *(à Petit Homme et Petite Femme)*
Vous êtes plus drôles que moi.

BIDOU RAPPORTEUR
Dans le Grand Livre des Connaissances, c'est marqué que la chair humaine a le goût du porc.

BIDOU 1er
Vous vous mangez entre vous ?

PETIT HOMME et PETITE FEMME
Non !

BIDOU 1er
Comment pouvez-vous alors savoir quel goût a votre chair ?

PETIT HOMME
Certains y ont goûté.

LES BIDOUX *(étonnés)*
Belebele….

PETIT HOMME
Les cannibales.

BIDOUPÉTOCHE
Cannibales ?

BIDOU RAPPORTEUR *(ouvrant le Grand Livre des Connaissances)*
Exact.

BIDOUPÉTOCHE
À quoi ressemblent les cannibales ?

PETIT HOMME
À n'importe quel Terrien.

BIDOU 1er
Et vous deux, Petit Homme et Petite Femme, vous êtes aussi des cannibales ?

PETITE FEMME
Non ! Et vous non plus j'espère ? Dites, vous n'allez pas nous manger ?

PROFESSEUR BIDOU
Nous ne mangeons rien.

PETITE FEMME
Jamais ?
Les Bidoux approuvent de la tête.

BIDOUPHONIQUE
Nous nous alimentons avec ça *(il sort de sa poche un chargeur de batterie)*

PETIT HOMME
Une batterie ! Mais alors… vous êtes…

PETITE HOMME et PETITE FEMME
… des robots.
Les Bidoux approuvent de la tête.

BIDOU 1er
Des robots extraterrestres.

BIDOUBIDOUILLE
« Extra »… « Extra » terrestres. C'est important de le préciser parce que les robots terrestres, ceux que l'humain a fabriqués, ne nous arrivent pas au boulon de la cheville.

PETITE FEMME *(admirative)*
C'est la première fois que je vois des robots extraterrestres. Je n'en reviens pas.

PROFESSEUR BIDOU
C'est la première fois que je vois une petite femme. Ne bouge plus ! *(il l'examine)* Yeux bleus. Toutes les petites femmes ont les yeux bleus ?

PETITE FEMME
Non. Certaines ont les yeux verts ou bruns.

BIDOU RAPPORTEUR *(notant en même temps)*
Bleus, verts, bruns.

PROFESSEUR BIDOU
Et toi Petit Homme ? Quelle est la couleur de tes yeux.

PETIT HOMME
Ils sont bleus aussi.

BIDOUPHONIQUE
Le son n'est pas le même. La voix de Petite Femme est plus aigue que celle de Petit Homme.

BIDOU RAPPORTEUR *(notant en même temps)*
Voix différentes.

Professeur Bidou examine le visage de Petit Homme à la loupe, puis son crâne et lui arrache un cheveu.

PETIT HOMME
Aïe !!!!!

Petite Femme rit.
Professeur Bidou lui arrache un cheveu.

PETITE FEMME
Aïe !!!!!

PROFESSEUR BIDOU *(montrant la différence)*
Petit Homme petits poils, Petite Femme grands poils.

BIDOU RAPPORTEUR *(notant sur son clavier)*
Petits et grands.

PETITE FEMME *(riant)*
Ce ne sont pas des poils mais des cheveux.

BIDOU RAPPORTEUR *(se connectant au Grand Livre des Connaissances)*
Cheveux : poils de la tête.
Poil : couvre le corps de la plupart des animaux.

PROFESSEUR BIDOU *(regardant les bras de Petit Homme et Petite Femme)*
Poils présents sur les bras, sur les jambes… Petit Homme et Petite Femme sont des animaux…
Long regard entre Petit Homme et Petite Femme.

BIDOUPÉTOCHE *(par le petit bout de la lorgnette)*
Comme ceux qui j'aperçois là-bas. Je crois qu'ils sont dans le désert.

LES BIDOUX *(se disputant leur tour pour voir)*
Belebele

BIDOU 1er *(arrachant la lorgnette, il regarde par le petit trou et compare avec les enfants, plusieurs fois)*
Vous êtes des singes.
L'Abominable Bidou s'empare de la lorgnette.

PETIT HOMME et PETITE FEMME
Non. Nous sommes des…

L'ABOMINABLE BIDOU
Silence vous deux *(il passe la lorgnette à Professeur Bidou et lui fait comprendre qu'il veut une explication).*

PROFESSEUR BIDOU
Vous ne ressemblez pas aux singes de là-bas.

PETIT HOMME
Nous ne sommes pas des singes.

PETITE FEMME
Nous sommes des enfants.
Professeur Bidou passe la lorgnette à Bidou 1er.

BIDOU 1er
Je confirme. Pas les mêmes. Moins poilu.

BIDOU RAPPORTEUR
Mais pourquoi les singes sont-ils dans le désert ?

PROFESSEUR BIDOU
Belebele.

BIDOU 1er *(à Petit Homme)*
Professeur Bidou dit qu'il ne s'agit pas du désert mais de la forêt amazonienne. Dans ce cas, où sont les arbres ?

BIDOU RAPPORTEUR
Les singes courent sur le sol nu. Viens, approche Petit Homme et regarde par toi-même.
Petit Homme regarde par le petit bout de la lorgnette.

BIDOU 1er
Pourquoi n'y a-t-il pas d'arbres ?

PETIT HOMME
Parce que des hommes venus d'ailleurs les ont abattus.

BIDOUPÉTOCHE
D'où viennent ces hommes ? De quelle planète ? De quelle galaxie ? Au secours !

Il se cache derrière Bidou 1er. Petite Femme s'approche de lui sous l'œil attentif de l'Abominable Bidou.

PETITE FEMME
N'aie pas peur, Bidoupétoche, ce sont juste des Terriens.
Soupir de soulagement de Bidoupétoche.

PROFESSEUR BIDOU
Et pourquoi abattent-ils les arbres ?

BIDOU PASSETEMPS
Moi, je sais ! (*les Bidoux le regardent avec curiosité*). C'est un jeu !

PETITE FEMME
Ah non, non, ce n'est pas un jeu.

PETIT HOMME
Avec le bois, ils fabriquent des pirogues.

PROFESSEUR BIDOU
Des pirogues !

PETITE FEMME
Des espèces de bateaux.

PETIT HOMME
… pour transporter les troncs des arbres dans d'autres pays.

BIDOU RAPPORTEUR
Pour les replanter ?

PETITE FEMME
Ah non, non, pas du tout.

PETIT HOMME
… pour fabriquer des meubles.

BIDOU RAPPORTEUR *(se connectant au Grand Live des Connaissances)*
Meuble : objet mobile.

PETITE FEMME
Par exemple pour fabriquer des chaises.

PROFESSEUR BIDOU
Chaises ?

PETITE FEMME
Pour s'asseoir.

BIDOU PASSETEMPS
Nous nous asseyons par terre… hop ! *(il s'assied)*

PETIT HOMME
Ou bien pour fabriquer des lits.

PROFESSEUR BIDOU
Lits ?

PETIT HOMME
Pour dormir.

L'ABOMINABLE BIDOU
Nous ne dormons jamais.

PETITE FEMME
Jamais ?

L'ABOMINABLE BIDOU
Non.

PETITE FEMME
Nous dormons en moyenne un tiers de notre vie.

BIDOU 1er
Que de temps gâché !

BIDOUPHONIQUE
Nous ne dormons jamais mais nous nous mettons en veille régulièrement.

BIDOU 1er
Une minute tous les cent ans de votre temps.

BIDOU PASSETEMPS
Et nous nous plaçons comme…

BIDOU 1er
Stop ! C'est interdit de leur montrer.

BIDOUBIDOUILLE *(avec stupéfaction)*
Abattre les arbres juste pour fabriquer des… comment déjà ?

PETITE FEMME
Des meubles.

BIDOUBIDOUILLE
Oui c'est ça, des meubles.

PETITE FEMME
Les arbres servent aussi à fabriquer du papier.

BIDOU RAPPORTEUR
Vous écrivez encore sur du papier !

PETITE FEMME
Pas vous ?

PROFESSEUR BIDOU
C'était il y a très très longtemps…

BIDOUPHONIQUE
Du temps des robots extraterrestres préhistoriques.

BIDOUBIDOUILLE *(avec stupéfaction)*
Saccager la forêt pour fabriquer du papier !

BIDOU 1er
C'est insensé !

BIDOUPHONIQUE
Vous êtes un peuple primitif.

PETIT HOMME
Non, nous sommes un peuple très évolué.

PROFESSEUR BIDOU
Ça c'est à vérifier.

BIDOU RAPPORTEUR
Faites comme moi, tout est là-dedans *(ordinateur)*.

PETITE FEMME
Nous utilisons de plus en plus l'informatique et nous utilisons de moins en moins de papier.

PROFESSEUR BIDOU
Alors laissez les arbres pousser, ne détruisez pas votre planète !

PETITE FEMME
Si les hommes abattent les arbres de la forêt amazonienne c'est aussi pour y planter du soja et des palmiers pour fabriquer de l'huile.

PROFESSEUR BIDOU
De l'huile ? Pour quoi faire de l'huile ?

PETITE FEMME
Pour cuisiner.

BIDOUBIDOUILLE
C'est vraiment une idée propre à l'homme que de manger.

PETIT HOMME
Nous ne fonctionnons pas avec une batterie. Nous nous rechargeons grâce à la nourriture. La matière est transformée en énergie.

BIDOUBIDOUILLE
Pour de l'huile ! Pour cuisiner ! Pour manger ! Quelque chose ne tourne pas rond chez vous.

PETIT HOMME
Certains hommes détruisent la forêt pour trouver de l'or.

BIDOU PASSETEMPS
Chez nous, il y a plein d'or, on marche dessus.

PETIT HOMME
Ici, l'or est un métal qui a une grande valeur.

BIDOU PASSETEMPS
Chez nous, l'or n'a aucune valeur.

L'ABOMINABLE BIDOU *(lançant un caillou)*
Ce n'est rien de plus que ça. Un caillou.

BIDOUPÉTOCHE *(scrutant le loin)*
Le terrain est pourtant immense de ce côté-là. Il devrait rester quelques arbres.

PETIT HOMME
Les hommes les ont abattus pour transformer l'espace en culture, en pâturage ou en route.

PETITE FEMME
Ou bien il y avait trop d'arbres et ils les ont brûlés.

PETIT HOMME
Et la forêt a pris feu.

BIDOU 1er
Les hommes sont inconscients.

L'ABOMINABLE BIDOU
Quand on détruit la nature, elle se venge. Et c'est elle qui détruira votre peuple.
Petit Homme et Petite Femme se regardent, inquiets.

PROFESSEUR BIDOU
L'homme rase les cheveux de la terre.

PETITE FEMME
La Terre n'a pas de cheveux.

PROFESSEUR BIDOU
Les arbres sont les cheveux de la terre.

PETITE FEMME *(à Petit Homme, en aparté)*
La maitresse ne nous a jamais dit ça.

PETIT HOMME
(à Petite Femme, en aparté) À nous, non plus !

BIDOUPÉTOCHE
La preuve est là-dedans ! *(montrant la lorgnette)* Vous avez vu comme nous.

BIDOU RAPPORTEUR *(interrogeant le Grand Livre des Connaissances)*
La Planète Terre va devenir chauve.

BIDOU PASSETEMPS
Elle deviendra une boule sans aucune couleur.
Les enfants écoutent, attentifs et interrogatifs.

BIDOU 1er
Si la végétation disparaît, les animaux aussi vont disparaître.

L'ABOMINABLE BIDOU
Et vous aussi.

BIDOUPHONIQUE
Et la terre deviendra une grosse boule muette.

L'ABOMINABLE BIDOU
Une boule morte.

PETITE FEMME
Pas ça ! Non, non !

Bidouphonique met la lorgnette à son oreille. Il écoute.
BIDOUPHONIQUE
J'entends la mer de ce côté-là.

PROFESSEUR BIDOU *(lui prenant la lorgnette)*
La mer !… Mais où sont les poissons ? Je ne vois pas de poissons.

Les Bidoux parlent entre eux sauf Bidou Passetemps et Bidoupétoche.
Bidoupétoche a pris la lorgnette que Professeur Bidou a reposée. Il regarde à l'intérieur.

BIDOU PASSETEMPS *(fredonnant)*
« Les petits poissons dans l'eau nagent, nagent, nagent, nagent, nagent. Les petits poissons dans l'eau nagent aussi bien que les gros ».

PETIT HOMME *(avec détachement)*
Les petits poissons et les gros poissons disparaissent peu à peu de notre planète.

L'ABOMINABLE BIDOU
L'homme verse dans la mer de la poudre d'extermination ?

BIDOUPÉTOCHE
Si !! Là… là, j'en vois un, un poisson… noir, tout noir, tout gros et tout noir… j'ai peur… tiens regarde toi-même *(il tend la lorgnette à Petit Homme)*.

PETIT HOMME
Ce n'est pas un poisson.

BIDOUPÉTOCHE
Qu'est-ce que c'est ? Un monstre ?

PETIT HOMME *(dédramatisant)*
C'est juste du pétrole.

PROFESSEUR BIDOU
Du pétrole dans l'eau !

BIDOU 1er
C'est étrange.

PETIT HOMME *(avec détachement)*
Sans doute un bateau qui a fait naufrage. Il devait transporter du pétrole qui s'est déversé dans la mer et il flotte.

PROFESSEUR BIDOU
Et il n'y a plus de poissons parce qu'ils sont morts. Empoissonnés par cette pourriture chimique. C'est bien ça ?

Petit Homme et Petite Femme approuvent de la tête, on voit que pour eux c'était devenu chose normale.

BIDOU RAPPORTEUR
Je note : plus de forêts, une mer sale et des poissons morts.

BIDOUPHONIQUE
Et pas un bruit d'oiseaux… pourtant le pétrole n'atteint pas le ciel.

PETIT HOMME
Pas le pétrole mais les fumées des usines, oui.

PETITE FEMME *(avec détachement et évidence)*
Les oiseaux meurent parce que leurs poumons sont encrassés par la pollution de l'air.

BIDOU RAPPORTEUR *(notant sur son clavier)*
Plus d'oiseaux.

BIDOUPHONIQUE
Je voulais les enregistrer, eh bien c'est fichu.

PROFESSEUR BIDOU
Chez nous, il n'y a pas d'oiseaux.

BIDOU 1er
Nous devions en rapporter quelques spécimens.

BIDOU PASSETEMPS
Je voulais apprendre leurs chansons.

BIDOUPÉTOCHE
Je pensais les observer par là. *(il montre sa lorgnette)*

BIDOUBIDOUILLE
Et moi les bidouiller avec ça. *(il montre un outil)*.

PETITE FEMME
(à Petit Homme) Peut-être en cherchant bien…

BIDOUPHONIQUE *(touche ses écouteurs)*
J'entends du bruit.
(aux Bidoux) Belebele *(il leur fait comprendre qu'il voudrait savoir s'ils entendent le bruit, les Bidoux font non de la tête)*
Puis il met la lorgnette à son oreille.
Par là, là, oui, là.
Bidouphonique tend la lorgnette à Bidou 1er qui écoute et qui est effrayé. Bidou 1er la tend à Professeur Bidou qui est effrayé aussi. L'abominable Bidou arrache la lorgnette et écoute.

L'ABOMINABLE BIDOU *(effrayé)*
Belebele

LES BIDOUX *(effrayés et s'interrogeant)*
Belebele
Petite Femme a peur et prend la main de Petit Homme.

BIDOU 1er *(tendant la lorgnette à Petit Homme)*
Qu'est-ce que c'est ? Écoute !

PETIT HOMME *(après écoute, avec détachement)*
C'est la guerre.

BIDOU RAPPORTEUR *(après recherche dans le Grand Livre de Connaissances)*
Guerre : Lutte sanglante entre les hommes.
Petit Homme passe la lorgnette à Petite Femme.

BIDOU PASSETEMPS
Je ne veux pas jouer à ce jeu-là.

PETITE FEMME
Ce n'est pas un jeu.

BIDOU PASSETEMPS
Ils ne font pas semblant ?

PETITE FEMME
Non.

BIDOUPÉTOCHE
Alors pourquoi font-ils la guerre ?

PETIT HOMME
Parce que chacun d'eux veut diriger le monde.

BIDOUBIDOUILLE
Il suffirait de bidouiller chacun sa partie.

PETITE FEMME
Ce n'est pas possible… chacun veut régner et personne ne veut partager.

PETIT HOMME *(avec désinvolture)*
Alors les peuples envoient des avions de combat. Et d'en haut, ils jettent des missiles sur leurs adversaires.

BIDOUPÉTOCHE
On dirait que tu trouves ça normal.

PETIT HOMME
Les guerres ont toujours existé.

PETITE FEMME
C'est vrai ce qu'il dit, les hommes préhistoriques se battaient déjà pour garder leur territoire.

BIDOU RAPPORTEUR
Les hommes tuent les hommes. C'est bien ce que je dois noter ?

PETIT HOMME
Oui. Enfin… pas seulement.

BIDOU RAPPORTEUR
Pas seulement ? Que dois-je noter ?

PETIT HOMME
Note que les hommes tuent aussi les enfants.

BIDOUBIDOUILLE
Les petits hommes et les petites femmes comme toi et toi ?

PETIT HOMME et PETITE FEMME
Oui.

BIDOU 1er
Les petits hommes et les petites femmes veulent aussi diriger le monde ?

PETIT HOMME et PETITE FEMME
Non.

L'ABOMINABLE BIDOU
Alors pourquoi sont-ils tués ?

PETIT HOMME *(avec évidence)*
Parce que c'est la guerre. Et quand c'est la guerre, les humains se battent entre eux et ils tuent les grands, les moyens, les petits.

BIDOU PÉTOCHE
Et vous ? Est-ce que vous faites aussi la guerre ?

PETITE FEMME et PETIT HOMME
Non.

BIDOU 1er
Vous ne vous battez jamais entre vous, les petits hommes et les petites femmes ?
Les enfants tardent à répondre, comme pris en faute.

L'ABOMINABLE BIDOU
(à Petit Homme) Alors ?

PETIT HOMME
Parfois.

L'ABOMINABLE BIDOU
(à Petite Femme) Et toi ?

PETITE FEMME
Parfois.

BIDOU 1er *(avec logique)*
Vous vous battez donc vous faites aussi la guerre.

Petit Homme et Petite Femme se regardent interrogatifs. Silence pesant interrompu par le cri d'un nouveau-né.

BIDOUPÉTOCHE
Un cri ! Quelqu'un se fait tuer ? *(se cache derrière Bidou 1er)*

PETITE FEMME
Non, c'est le cri d'un bébé qui vient de naître.

BIDOU RAPPORTEUR *(se connecte au Grand Livre des Connaissances)*
Bébé : enfant de moins de deux ans.

BIDOPHONIQUE
Pourquoi pleure-t-il ?

PETITE FEMME
Pour montrer qu'il est content d'arriver parmi les hommes.

BIDOU 1er
Pas normal ça !

PETIT HOMME
Qu'est-ce qui n'est pas normal ?

BIDOU 1er
De pleurer quand on est content…

BIDOUBIDOUILLE
Encore un qui devrait être bidouillé.

BIDOUPHONIQUE
Il crie très fort. Il souffre.

PETITE FEMME
Il crie pour aspirer de l'air dans ses poumons. Il ne peut vivre qu'à cette condition.

BIDOU RAPPORTEUR *(note sur son clavier)*
Quand le bébé humain vient au monde, il est desséché et il doit se regonfler.

BIDOUPÉTOCHE *(scrute dans la lorgnette)*
Il y a un bébé là-bas qui pleure. Il est déjà regonflé mais qu'est-ce qu'il est maigre !

PROFESSEUR BIDOU *(s'empare de la lorgnette)*
Les autres bébés à côté de lui pleurent aussi.

BIDOUPHONIQUE *(lui fait comprendre de lui passer la lorgnette et la colle à son oreille)*
Je les entends.
(Il enregistre les sons puis il passe la lorgnette à Bidoupétoche)

BIDOUPÉTOCHE
Et là de l'autre côté, il y a des hommes et des femmes et même des petits hommes et des petites femmes qui mangent,… et qui mangent… Ils ont un ventre énorme !

BIDOUBIDOULLE *(prenant la lorgnette)*
Il faudrait bidouiller leur tuyau d'alimentation.
(Il passe la lorgnette à Professeur Bidou)

PROFESSEUR BIDOU
Pourquoi ceux-là ne donnent-ils pas à manger à ceux-là ?

BIDOU RAPPORTEUR *(avec évidence et dépit)*
C'est comme pour la guerre, ceux-là veulent tout garder pour eux.

BIDOUPASSETEMPS
Pourquoi, toi et toi, vous ne leur apportez pas de quoi se nourrir ?

PETITE FEMME
Ils habitent trop loin de chez nous.

PETIT HOMME
Beaucoup trop loin.

PETITE FEMME
Beaucoup, beaucoup trop loin.

L'ABOMINABLE BIDOU
Vous trouvez toujours une raison pour ne rien changer.

BIDOU PASSETEMPS
Je n'ai pas envie de ressembler à un homme.

PETIT HOMME
Personne ne te demande de ressembler à un homme.

PETITE FEMME
Ni à une femme.

BIDOU 1er
Eh bien si. Justement !

PROFESSEUR BIDOU
Notre concepteur est persuadé que les hommes et les femmes sont des êtres exceptionnels.

BIDOU 1er
Il veut s'en inspirer pour nous améliorer.

BIDOUPHONIQUE
Quand il entendra mes enregistrements, il risque de changer d'avis.

BIDOU RAPPORTEUR
Et quand il lira mon rapport aussi.

BIDOU 1er
Il faudra l'empêcher de nous rajouter certaines options.

BIDOUBIDOUILLE
Surtout pas d'estomac.

PROFESSEUR BIDOU
… trop compliqué de trouver de la nourriture.

BIDOUPHONIQUE
Pas besoin de poumons non plus… il faut simplifier.

BIDOU PASSETEMPS
Mais il faudra lui demander de nous fabriquer un cœur.

BIDOUPÉTOCHE
Un vrai cœur avec des sentiments.

BIDOU 1er
Je m'engage à insister sur ce point.

L'ABOMINABLE BIDOU
Et moi, je me chargerai de lui faire instaurer des règles et des lois pour que l'univers soit respecté.

BIDOUPÉTOCHE
Ce monde-là ne me plait pas.

BIDOU 1ER
Belebele *(appelle Les Bidoux et forment tous un cercle)*
Ils belebelent en cacophonie puis Bidou 1er belebele seul.
Tous l'écoutent et approuvent.
Bidou Rapporteur efface ce qu'il a écrit.

PETIT HOMME
Qu'est-ce que tu fais ?

BIDOU RAPPORTEUR
Tu le vois bien. Je supprime.

PETIT HOMME
(à Bidouphonique) Et toi ?

BIDOUPHONIQUE
J'efface le bruit de la guerre.
Les autres Bidoux fredonnent en belebelant, l'air de « Non non je ne veux pas faire la guerre ».

BIDOU 1er
Notre concepteur ne doit pas savoir que ça existe.

PROFESSEUR BIDOU
Il ne doit surtout pas s'en inspirer.

BIDOUPÉTOCHE
Je lui demanderai de planter des forêts, d'y mettre des animaux et de créer des océans remplis de poissons.

BIDOU PASSSETEMPS
Des poissons de toutes les couleurs.

BIDOUPHONIQUE
Et des oiseaux. Beaucoup d'oiseaux.

BIDOUPÉTOCHE
Un tas d'oiseaux.

BIDOUPHONIQUE
Avec des sons différents.

L'ABOMINABLE BIDOU
Je formerai des abominables gardiens pour empêcher notre peuple de tout saccager.

PROFESSEUR BIDOU
Il ne faudra pas parler du pétrole à notre concepteur et le convaincre d'améliorer notre téléportation.

On entend un enfant chanter (chanson joyeuse)

BIDOUPHONIQUE
C'est beau ! Quel son merveilleux !

LES BIDOUX
Belebele. *(ils approuvent)*

BIDOUPHONIQUE
Chut ! *(il enregistre)*.
Cette voix devrait plaire à notre concepteur.

BIDOU PASSETEMPS
Je veux la même.

BIDOUPHONIQUE
(à Petit Homme) C'est un petit homme comme toi qui chante ?

PETIT HOMME
Oui.

BIDOUPHONIQUE
Sa voix est pure.

BIDOUBIDOUILLE
Pas besoin de bidouiller.

BIDOU 1er
Ce petit homme-là ne semble pas préoccupé par tout ce qui se passe sur votre planète.

PETITE FEMME
Il est trop jeune pour comprendre, pas comme ses parents.

BIDOU 1er
Parents ?

BIDOU RAPPORTEUR *(se connecte au Grand Livre des Connaissances)*
Être vivant qui a conçu un autre être vivant.

BIDOU 1er
Des concepteurs ?

PROFESSEUR BIDOU
Comme chez nous.

PETIT HOMME
Et les enfants doivent obéir à leurs parents.

BIDOU 1er
Nous devons obéir à notre concepteur.

PETIT HOMME
Ce n'est pas toi qui commandes ?

BIDOU 1er
Je suis le chef des Bidoux mais je n'ai aucun pouvoir là-haut. Et comme eux, je dois obéir.

PETITE FEMME
Mais vous allez désobéir si vous ne lui dites pas ce que vous avez vu ici.

BIDOU 1er
Non, il n'y a pas de désobéissance.

BIDOUPHONIQUE
Pas de mensonge.

PROFESSEUR BIDOU
Juste une omission de certains détails.

BIDOU RAPPORTEUR
Je lui rapporterai que le meilleur.

L'ABOMINABLE BIDOU (*répand de la poudre*)
Effacer, effacer, il faut effacer le mauvais.

PETITE FEMME
Tu vas nous empoisonner avec ta poudre.

L'ABOMINABLE BIDOU
Je veux exterminer tous les Terriens.

PETIT HOMME
Tous les Terriens ne sont pas méchants.
L'Abominable Bidou cesse de jeter de la poudre.

PETITE FEMME
Il y a les bons et les méchants et parfois les bons deviennent méchants et les méchants deviennent bons.
Les Bidoux se regardent en s'interrogeant.

BIDOU 1er
Psychologie humaine très complexe.
Les Bidoux approuvent.

BIDOU RAPPORTEUR *(en notant)*
Complexe.

BIDOUBIDOUILLE
Anomalie dans certains circuits.

BIDOU RAPPORTEUR *(en notant)*
Anomalie.

BIDOU PASSETEMPS
Moi qui pensais m'amuser sur votre planète.

BIDOUPÉTOUCHE
Et moi qui m'étais imaginé tant de jolies choses ! *(gros soupir)* Je suis déçu !

BIDOU 1er *(inquiet)*
Et dire que d'ici quelques temps vous serez vous aussi un homme et une femme.

PROFESSEUR BIDOU
Le problème est de savoir quel genre d'homme et de femme vous deviendrez.

BIDOUPÉTOCHE
Des gentils…

L'ABOMINABLE BIDOU
… ou des méchants

PETIT HOMME et PETITE FEMME
Des gentils.

L'ABOMINABLE BIDOU
Vous promettez ?

PETIT HOMME
Promis.

PETITE FEMME
Juré.

BIDOU 1er
Attention ! Une promesse est une promesse.

BIDOUPHONIQUE
J'espère que vous changerez le monde parce que le bruit des bombes fait mal aux oreilles.

BIDOU PASSETEMPS
Les pleurs de ceux qui ont faim, aussi.

BIDOU 1er
Notre mission est terminée. Nous en avons assez vu pour en référer à notre concepteur.

PETIT HOMME
Vous reviendrez ?

BIDOU 1er
Nous reviendrons plus tard.

BIDOU RAPPORTEUR
Nous tenons toujours nos promesses.

L'ABOMINABLE BIDOU
Foi de Bidou, je reviendrai.

BIDOU RAPPORTEUR
Moi aussi.

LES BIDOUX *(approuvant)*
Belebele.

Bidou Rapporteur se place devant Petit Homme et Petite Femme, il cligne des yeux, les prend en photo.

BIDOU RAPPORTEUR
Une petite dernière.

BIDOUPHONIQUE (*leur tendant le micro*)
Promettez que vous ne deviendrez pas des méchants Terriens !

PETIT HOMME et PETITE FEMME
Je promets.

PETIT HOMME
Parole de Petit Homme.

PETITE FEMME
Parole de Petite Femme.

BIDOUPHONIQUE
C'est enregistré.

BIDOU 1er (*s'empare du micro*)
Au nom des Bidoux, je promets que nous reviendrons.

BIDOU RAPPORTEUR
Tous les huit.

LES BIDOUX
Belebele. (*ils approuvent*)

L'ABOMINABLE BIDOU
(*à Petit Homme et Petite Femme*) Vous avez intérêt à tout faire pour changer le monde.

BIDOU PASSETEMPS
Le rendre un peu plus drôle.

BIDOUPÉTOCHE
Et plus beau.

BIDOUPHONIQUE
Avec de jolies chansons.

BIDOU PASSETEMPS
Et de belles couleurs.

BIDOUBIDOUILLE
Et moins dangereux pour tout l'univers.

BIDOU 1er
En respectant votre planète, vous respectez votre galaxie et aussi la nôtre car ce qui compose l'univers est un tout qu'on ne peut pas dissocier.

PROFESSEUR BIDOU
Et chaque être vivant ne peut vivre qu'à travers le maintien de cet équilibre qui lie chaque élément l'un à l'autre.

L'ABOMINABLE BIDOU
Vous avez compris ?

PETIT HOMME et PETITE FEMME
Oui.

BIDOU 1er
Il est temps de partir.

Les Bidoux se mettent en file indienne et s'en vont comme ils étaient venus en belebelant. Petit Homme et Petite Femme leur font des signes d'au-revoir.
Avant de disparaître, Bidoupétoche revient sur ses pas.

BIDOUPÉTOCHE
Je vous regarderai grandir de là-haut par le petit bout de ma lorgnette.
(*il retourne chez ses frères en courant*). Attendez-moi ! Attendez-moi !

PETIT HOMME
Ils sont repartis sur leur planète.

PETITE FEMME
Ils reviendront…

PETIT HOMME
… pour vérifier.

PETITE FEMME
Nous avons promis.
Petit Homme et Petite Femme réfléchissent.

PETIT HOMME
Et si…

PETITE FEMME
Et si… ?

PETIT HOMME
… nous commencions ?

PETITE FEMME
Il faudrait établir des règles.

PETIT HOMME
Ça me semble un bon début.
(lui tend un carnet et crayon) Tiens, note !

PETITE FEMME *(parlant en écrivant)*
En premier, la forêt amazonienne.

PETIT HOMME
C'est à des milliers de kilomètres d'ici. Nous irons plus tard, quand nous serons adultes. Nous avons le temps d'y penser.

PETITE FEMME
En attendant nous pouvons nous entraîner avec le petit bois, celui qui se trouve derrière l'école. Je t'ai vu hier en train de déraciner un arbre. Il était petit, tu l'as arraché et jeté au sol.

PETIT HOMME
C'était pour montrer à Chloé que je suis fort.

PETITE FEMME
La prochaine fois, trouve un autre moyen.
Je note : ne pas arracher d'arbres sans motif valable. Tu as entendu ?

PETIT HOMME
Oui.

PETITE FEMME
Et replanter ceux qui auront été déracinés *(ironique)* pour prouver qu'on est le garçon le plus fort du monde. Compris ?

PETIT HOMME
Okay. Mais pour le feu, je ne peux rien faire.

PETIT FEMME
Si. Ne jamais poser une allumette près d'un arbre sinon toute la forêt y passe.

PETIT HOMME
Et pour le pétrole dans les océans ?

PETITE FEMME
Ça, nous n'y pouvons rien mais nous pouvons arrêter de jeter n'importe quoi dans la rivière.

PETIT HOMME
Okay, je ne jetterai plus de papiers.

PETITE FEMME
Essayons aussi de moins le gaspiller.

PETIT HOMME
Okay.

PETITE FEMME
Passons à la fumée.

PETIT HOMME
Nous ne sommes pas aux commandes des usines.

PETITE FEMME
Pauvres oiseaux ! Oh ! Un oiseau !
Et un autre là avec un nid. On dirait même qu'il y a des petits à l'intérieur.

PETIT HOMME
Nous pourrions en envoyer aux Bidoux.

PETITE FEMME *(gros soupir)*
Mais nous ne savons pas où ils habitent…

PETIT HOMME
… et nous n'avons aucun moyen de communiquer avec eux.

PETITE FEMME
Prenons soin de ceux-là *(les oiseaux)* et de leurs petits et des petits de leurs petits et quand les Bidoux reviendront nous pourrons leur en donner pour qu'ils les emportent chez eux.

PETIT HOMME
Bonne idée. Et pour les guerres ?

PETIT HOMME
Je vais faire la paix avec mon frère.

PETITE FEMME
Et moi avec Joséphine. Il y avait un autre point ?

PETIT HOMME
La faim dans le monde. Nous ne sommes pas des robots extraterrestres et nous n'avons pas le pouvoir de nous téléporter jusqu'en Afrique pour partager notre repas.

PETITE FEMME
Nous irons là-bas en avion quand nous serons grands. Pour nous entrainer, nous pourrions partager notre goûter en récréation.

PETIT HOMME
Je demanderai une double ration à ma mère.

PETITE FEMME
C'est de la triche.

PETIT HOMME
Pourquoi ?

PETITE FEMME
Parce qu'une bonne action n'a de sens que si tu fournis un effort.

PETIT HOMME
Okay, c'est bon, je couperai mon goûter en deux.

PETITE FEMME
Voilà !

PETIT HOMME
Finalement nous avons trouvé un jeu pour nous occuper.

BIDOUPÉTOCHE *(voix off)*
Prenez soin de respecter vos engagements et de ne pas les oublier quand vous serez devenus grands. Vous êtes les adultes de demain.

PETIT HOMME
On dirait la voix de Bidoupétoche.

PETITE FEMME
Regarde tout en haut, je vois le petit bout de la lorgnette.

PETITE FEMME et PETIT HOMME
(avec de grands signes) Hou ! Hou !

PETIT HOMME
Je ne vois plus rien.

PETITE FEMME
Il est parti. Et maintenant, qu'est-ce qu'on fait ?

PETIT HOMME
Nous allons replanter l'arbre… Tu vas m'aider…

PETITE FEMME
Oui, allons-y ! À deux ce sera plus facile.
Petit Homme et Petite Femme sortent.

Chanson (suggestion) :
« Un monde parfait » d'Ilona Mitrecey.

RIDEAU

Bibliographie :

Théâtre jeunesse :
- Au pays des enfants *(dès 5 ans)*
- Les jouets se font la malle *(dès 5 ans)*
- Ado c'est mieux *(dès 7 ans)*
- Aglaé la sorcière *(dès 7 ans)*

Roman jeunesse : *(dès 6/7 ans)*
- Malicia, la sorcière au poil
- Hanayoko et le bonhomme Kamishibaï

Théâtre adulte :
- Une inconnue dans la glace *(3 F - 1 H)*
- J'ai épousé ma liberté *(2 F - 2 H)*
- La vie qui file *(2 F - 2 H)*
- Nos actes manqués *(1 F min. 60 ans)*

Littérature adulte :
- Un jour nouveau se levait à l'horizon *(roman)*
- Frissons sur la toile *(roman)*
- Histoires d'amour, de folie et de mort *(nouvelles)*
- La poupée qui chantait et autres histoires fantastiques.